DELIUS KLASING

Ralf Schröder

FLUSSKREUZFAHRTEN AUF DER DONAU

Passau – Wien – Budapest

Delius Klasing Verlag

Außerdem sind von Ralf Schröder im Delius Klasing Verlag erschienen:
AIDA – Die Erfolgsstory
Flusskreuzfahrten auf Rhein – Main – Mosel
Hurtigruten – Mit dem Postschiff von Bergen nach Kirkenes
Kreuzfahrten auf der Ostsee – Die schönsten Hafenstädte des Mare Balticum

Bibliografische Information der Deutschen Nationalbibliothek

Die Deutsche Nationalbibliothek verzeichnet diese Publikation
in der Deutschen Nationalbibliografie; detaillierte bibliografische
Daten sind im Internet über http://dnb.d-nb.de abrufbar.

3. Auflage
ISBN 978-3-7688-1649-6

Alle Fotos (einschließlich Schutzumschlag) stammen
vom Autor bis auf die Motive auf
Seite 40, Anja Wiegmann;
Seiten 30, 31, 32, Österreichische Nationalbibliothek, Wien;
Seite 33, Archiv Donau-Schiffahrts-Museum, Regensburg;
Seite 34 links, Gebr. Metz, Slg. Haus der Geschichte des
Landes Baden-Württemberg, Stuttgart;
Seiten 34 rechts, 35, Postkarte P. Ledermann Wien,
Archiv Donau-Schiffahrts-Museum, Regensburg;
Seiten 36, 37, Archiv Edition Maritim, Hamburg;
Seite 38, Wiener Stadt- und Landesbibliothek, Wien
Schutzumschlaggestaltung und Layout: Ekkehard Schonart
Lithografie: scanlitho.teams, Bielefeld
Druck: Kunst- und Werbedruck, Bad Oeynhausen
Printed in Germany 2007

Delius Klasing Verlag, Siekerwall 21, D - 33602 Bielefeld
Tel.: 0521/559-0, Fax: 0521/559-115
E-Mail: info@delius-klasing.de
www.delius-klasing.de

Inhalt

Viele kulturhistorisch interessante Städte säumen die Donau. Passau (rechts) zählt ebenso dazu wie das prächtige Stift Melk (linke Seite).

Einleitung

Strudel ziehen ihre spiralförmigen Kreise, drehen sich schnell flussabwärts. Eine mächtige Strömung führt die Wassermengen zu Tal. Fast wirkt die Donau wie ein außer Kontrolle geratener Gebirgsbach, der über seine Ufer getreten ist und nun zum Meer stürmt. Viele der großen europäische Flüsse beschreibt man gern als träge Ströme, die Ruhe vermitteln. Steht man im Frühjahr in Passau auf der Landspitze, wo der Inn auf die Donau trifft, strahlen die Wassermassen jedoch Energie aus: Die Donau ist ein kraftvoller Strom.

Das schlammige, hellbraune Wasser der noch jungen Donau mischt sich mit dem grünlich-weißlichen Wasser des Inn, das Frische und Gebirgsluft mit sich zu bringen scheint. Die Mündung der Ilz gegenüber fällt kaum ins Gewicht, was die Farbe des Flusses angeht. Der Inn ist zwar beileibe nicht der längste Nebenfluss der Donau – länger sind unter anderem die Theiß mit 960 Kilometern und die Save mit 712 Kilometern –, doch führt er der Donau so viel Wasser aus den Alpen zu, dass man fast glauben könnte, der Inn sei der Hauptfluss.

Passau hat sich im Laufe der vergangenen dreißig Jahre zum Ausgangspunkt für Flusskreuzfahrten auf der Donau entwickelt. Hier nehmen die meist achttägigen Reisen ihren Ausgangspunkt, die durch Österreich und die Slowakei nach Ungarn führen. Die Schiffsreisen zwischen Passau und Budapest haben sich zu einem Klassiker entwickelt, der jedes Jahr mehr Gäste anzieht, und die Donau ist weltweit der beliebteste Fluss bei deutschsprachigen Gästen. Die Zahl der

Die ROUSSE PRESTIGE *wurde im Frühjahr 2004 neu in Dienst gestellt.*

Die Kettenbrücke ist die berühmteste Brücke Budapests. Zahlreiche Ausflugsschiffe bieten Sightseeing von der Wasserseite aus an.

Flusskreuzfahrten auf der Donau übertrifft auch jene auf so berühmten Strömen wie dem Nil, dem Rhein oder dem Yangzi.
Die Gründe für die Popularität der Donau liegen in ihrer Vielfältigkeit: Allein zwischen Passau und Budapest werden vier verschiedene Länder besucht. Berühmte Städte wie Passau, Wien, Bratislava und Budapest locken mit ihren reichen Kulturschätzen. Klöster und Schlösser liegen am Ufer des Stroms, der über Jahrhunderte die Lebensader Mitteleuropas war. Und auch die Landschaft zeigt sich abwechslungsreich: Von der engen Passage durch den Strudengau über die liebliche Wachau mit ihren Weinbergen geht es durch die flachen Marchauen gen Südosten. Urtümlich wirkende Uferabschnitte wie am Donauknie wechseln mit urbanen Zentren und alten Kulturlandschaften. Die Donau ist so vielfältig, dass eine Reise auf dem Fluss nicht ausreicht, um all die kleinen und großen Kostbarkeiten entlang ihrer Ufer zu entdecken.
Für die meisten Urlauber ist Budapest der Wendepunkt der Reise. Die Zahl der Fahrten durch Serbien, Bulgarien und Rumänien bis ins Donau-Delta ans Schwarze Meer steigt nur langsam wieder an. Lange gab es Probleme mit den durch den Jugoslawien-Krieg zerstörten Brücken, insbesondere in Novi Sad. Diese Fragen scheinen endlich gelöst zu sein. Geblieben ist ein anderes Hindernis:

Zu niedrige Wasserstände stellen die Schifffahrt regelmäßig vor Hürden. Der ungelöste Interessenkonflikt zwischen Naturschutz und Wasserwirtschaft, die sich eine stärkere Regulierung des Flusses wünscht, verhindert noch sicher planbare Schiffsreisen bei Niedrigwasser. Doch mit dem fortschreitenden europäischen Einigungsprozess steigen die Chancen, dass in absehbarer Zeit Kompromisse zwischen Naturschutz und Schiffbarkeit gefunden werden.
Die Flusskreuzfahrten auf der Donau jedenfalls leben vom Wechselspiel zwischen Kultur und Natur, die Urlauber an Bord genießen die Vielfalt der Landschaftsformen. Ein umweltschonender Ausbau der Donau wäre die Lösung, die den Wünschen der Kreuzfahrt-Reedereien und ihren Gästen am nächsten kommt.

Die Arosa Donna auf dem Weg flussaufwärts Richtung Passau. Auf den Sonnendecks werden oft Spiele wie Schach oder Shuffle Board angeboten.

Dürnstein in der Wachau ist nicht nur für Kreuzfahrtschiffe ein beliebtes Ziel, sondern auch für Ausflugsschiffe.

Die Liegezeiten werden gern für die Reinigung der Decks und für kleinere Malerarbeiten genutzt.

Wissenswertes rund um den Strom

Die Donau ist der zweitlängste Strom Europas nach der Wolga, so viel ist klar. Doch bei der Frage, wie lang die Donau wirklich ist, gibt es schnell Streit. Zwei Angaben kursieren am häufigsten: 2840 und 2888 Kilometer. Des Rätsels Lösung findet man bei der Suche nach der Donau-Quelle. Brigach und Breg bilden die Quellflüsse, die sich bei Donaueschingen zur Donau vereinigen. Von wo aus soll man nun messen? In der Geografie ist es üblich, den längsten Zufluss als Hauptquelle, in diesem Fall also die Breg, anzusehen. Aber die Quelle der Breg wurde erst 1955 bei Furtwangen im Schwarzwald entdeckt. Zu diesem Zeitpunkt hatte man in Donaueschingen die »Quelle« schon längst in Stein gefasst und touristisch vermarktet. Seither streiten sich Furtwangen und Donaueschingen darum, wer den Ursprung der Donau für sich beanspruchen darf.

Das Einzugsgebiet der Donau ist mit 817 000 Quadratkilometern riesig. Rund 120 Nebenflüsse machen sie zum wasserreichsten Strom Europas, etwa ein Drittel der Nebenflüsse ist teilweise schiffbar. Die Wasserscheide zwischen Rhein und Donau verläuft auf einer gedachten Linie zwischen Fichtelgebirge und südlichem Schwarzwald. Alle Flüsse, die von der Alpennordseite in die Ebene abfließen, münden in die Donau, vom Allgäu bis zu den Tauern. Hinzu kommen zahlreiche Flüsse, die in den Ostalpen entspringen. Dazu zählen Drau und Mur, aber auch die Save, die ihren Ursprung im Drei-Länder-Eck zwischen Slowenien, Italien und Österreich hat. Sie alle machen aus der Donau diesen breiten Strom, der gern auch als »Gebirgsfluss« bezeichnet wird, obwohl er doch über weite Strecken im Flachland verläuft.

Unterteilt wird die Donau gemeinhin in drei Abschnitte: Als Untere Donau bezeichnet man den Fluss zwischen dem Delta und dem sogenannten Eisernen Tor bei Stromkilometer 944, wo die Donau die Südkarpaten durchbricht. Die Mittlere Donau reicht vom Eisernen Tor bis zur Mündung der March an der slowakisch-österreichischen Grenze bei Kilometer 1880. Von der March-Mündung an flussaufwärts spricht man von der »Oberen Donau«, wobei gelegentlich die nicht schiffbaren Abschnitte westlich von Ulm auch »Junge Donau« genannt werden. Vielleicht ist die leidige Auseinandersetzung um die Quelle der Grund, warum die Donau als einziger Fluss in Europa von der Mündung zur Quelle hin vermessen wurde. Der Flusskilometer Null befindet sich in Rumänien auf der Mole von Sulina am Schwarzen Meer, und die Schiffsanleger von Passau werden bei Kilometer 2226 erreicht. Die schiffbare Strecke endet in Ulm bei Stromkilometer 2588. Seit der Eröffnung des Main-Donau-Kanals im Jahre 1992 können nun auch Schiffe von Amsterdam bis nach Rumänien quer durch Europa von der Nordsee bis zum Schwarzen Meer fahren. Vor allem für die Flusskreuzfahrtschiffe eröffneten sich so völlig neue Perspektiven. Während vorher österreichische und osteuropäische Reedereien auf der Donau dominierten, können seitdem auch niederländische oder französische Unternehmen ihre Schiffe auf

Einige niedrige Brücken bereiten den Schiffen bei Hochwasser Probleme. Hier passiert die A*USTRIA* *der Reederei Brandner die Stahlbrücke im Kremser Ortsteil Stein.*

der Donau einsetzen, ohne sie auf Pontonschiffe zu verladen und über das Mittelmeer ins Donau-Delta zu transportieren. Und so unterscheidet man auf der Donau heute zwei Arten von Kreuzfahrtschiffen: die Kanalschiffe und die Donau-Schiffe. Erstere sind etwas kleiner und in der Breite beschränkt, damit sie durch die Schleusen des Main-Donau-Kanals passen. Die Donau-Schiffe hingegen sind etwas größer und haben eine höhere Bordwand. Dies stellt die Hafenkapitäne vor neue Herausforderungen, denn in vielen Orten gibt es nicht für jedes Flusskreuzfahrtschiff einen eigenen Anleger. Neu ankommende Kreuzfahrtschiffe müssen bei ihren Kollegen längsseits gehen. Manchmal liegen sie im Dreierpack, gelegentlich teilen sich sogar fünf Schiffe einen Anleger. Die Gäste des äußersten Schiffes müssen dann durch alle davor liegenden Schiffe gehen, um an Land zu kommen.
Die Planung der Ankunftszeiten und die Zuweisung der Liegeplätze organisieren die Hafenkapitäne in Zusammenarbeit mit den Reedereien. Dabei müssen sie die Besonderheiten der einzelnen Schiffe berücksichtigen. Sie dürfen nicht ein Kanalschiff neben ein Donau-Schiff legen, weil die Bordwände

Vom Braunsberg bei Hainburg schaut man über die Donau zur Mündung der March.

Das Slowakische Nationaltheater von Bratislava wurde von 1884 bis 1886 erbaut und wird abends festlich beleuchtet.

Bunte Skulpturen blicken vom Freigelände des Danubiana Kunstmuseums auf die Donau.

Bei Vác verbindet eine Fähre die Stadt mit der großen Donau-Insel Szentendrei sziget.

Esztergom ist die Hochburg der Katholiken Ungarns. Die Basilika wurde im 19. Jahrhundert auf dem Burgberg gebaut, wo einst ein königlicher Palast stand.

unterschiedlich hoch sind. Sonst müssten die Gäste auf Klettertour gehen, um ans Ufer zu gelangen. Bei über 100 verschiedenen Flusskreuzfahrtschiffen ist hier eine ausgeklügelte Logistik gefragt.
Dass die Obere Donau den Charakter eines Gebirgsflusses hat, spüren die Schiffer an den wechselnden Wasserständen besonders deutlich. Im Frühjahr, wenn die Schneeschmelze einsetzt, kommt es regelmäßig zu hohen Wasserständen, während im Hochsommer oder im Herbst die Pegel gelegentlich recht niedrig sein können. Besonders niedrige oder außergewöhnlich hohe Wasserstände stellen die Schiffer vor ganz unterschiedliche Anforderungen: Bei Hochwasser bekommen die Schiffe Probleme mit zu niedrig gebauten Brücken. Die Reedereien haben vorgebaut: Die Geländer der Sonnendecks können umgeklappt werden, die Brücke lässt sich in das darunter liegende Deck hydraulisch absenken. Dann ist das Sonnendeck für Reisende aus Sicherheitsgründen gesperrt, schließlich bleibt zwischen Deck und Unterseite der Brücke manchmal nur ein knapper Meter Platz. Wenn die Pegel besonders hoch sind, haben die Kapitäne noch die Möglichkeit, durch zusätzlichen Ballast – es gibt spezielle Tanks, die mit Wasser gefüllt werden – das Schiff einige Zentimeter tiefer zu legen. Wenn nach einem schönen, trockenen

Der Burgpalast und die dahinter liegende Fischerbastei dominieren das Stadtbild von Budapest auf der Budaer Seite der Donau.

Sommer der Strom im Herbst zu wenig Wasser führt, stehen die Kapitäne vor der entgegengesetzten Herausforderung: Wie mache ich mein Schiff so leicht wie möglich, damit es keine Grundberührung hat? Auch wenn die meisten Flusskreuzfahrtschiffe mit einem Tiefgang von nur 1,50 Meter sehr flach gebaut sind, können durch das Ablassen von Ballast noch ein paar Zentimeter herausgeholt werden. Während es in Österreich kaum Probleme gibt – mehrere Staustufen regulieren die Wasserstände –, sorgt flussabwärts zwischen der österreichisch-slowakischen Grenze und Budapest nur der monumentale Staudamm von Gabčikovo für Ausgleich. Eine der schwierigen Passagen bei Niedrigwasser ist das Donauknie zwischen Esztergom und Vác. Aufgrund der hohen Strömungsgeschwindigkeit im Frühjahr trägt der Fluss Sediment mit sich, das sich zu Sandbänken ablagert. Bei extremen Witterungsverhältnissen kann dann selbst ein Tiefgang von 1,50 Meter zu viel sein, um weiterzufahren.
Glücklicherweise geschieht es nur sehr selten, dass die Flusskreuzfahrten wegen Niedrigwasser nicht wie geplant bis Budapest durchgeführt werden können. Das mag im Einzelfall unangenehm sein. Andererseits ist es gut zu wissen, dass die Ufer der Donau nicht kanalartig zubetoniert wurden, sondern dass dieser Strom lebt.

Eine Kreuzfahrt auf der Donau

Das Kraftwerk Jochenstein bei Engelhartszell verbindet das österreichische Ufer der Donau mit dem deutschen.

Wechseltag in Passau: In wenigen Stunden werden die Liegestühle an Deck der Flusskreuzfahrtschiffe belegt sein (rechte Seite).

Der Bus schiebt sich durch den Feierabendverkehr von Passau. Die ersten Kreuzfahrt-Passagiere sind bei den außerhalb der Stadt liegenden Parkhäusern zugestiegen, nun nimmt er diejenigen auf, die mit der Bahn angereist sind. Eine gespannte Erwartung liegt in der Luft, den meisten geht es nicht schnell genug voran. Wie die Schulkinder drängen die Passagiere aus dem Bus, als sich die Türen am Donau-Kai öffnen. Eigentlich gibt es keinen Grund für die Eile, schließlich sind die Kabinen auf dem Schiff längst eingeteilt. Es ist, als könnten sie es nicht erwarten, dass die Flusskreuzfahrt endlich beginnt.

Um die Koffer braucht sich niemand zu kümmern. Sie werden von guten Geistern an Bord und in die Kabine gebracht.
Dann heißt es, sich zur ersten Informationsveranstaltung im Salon zu versammeln. Die Schwimmwesten braucht niemand mitzubringen, wie es auf Hochsee-Kreuzfahrtschiffen Pflicht ist. Aber Hinweise zur Sicherheit an Bord werden gegeben, auch wenn nicht alle zuhören. Hohe Aufmerksamkeit stellt sich ein, als die Uhrzeiten der Mahlzeiten durchgegeben werden. Alte Hasen, die schon öfter auf der Donau unterwegs waren, erkennen sofort die Unterschiede: Auf manchen Schiffen werden feste Menüs serviert, manchmal kann zwischen verschiedenen Gerichten gewählt werden, und auf einigen Kreuzfahrtschiffen bedient man sich selbst am Buffet. Was ist besser? Das ist eine beinahe philosophische Frage.
Handfester sind die Unterschiede zwischen den Kabinen. Zwei bis drei Decks auf den Flussschiffen stehen zur Wahl. Der günstigste Preis bedeutet eine Kabine knapp über der Wasserlinie, am teuersten sind die Kabinen mit eigenem Balkon, die auf neu gebauten Schiffen zunehmend üblich werden. Abends ein Fenster öffnen zu können, ist ein Stück Lebensqualität, das manch einem den Aufpreis wert ist.
Passau verschwindet im Abendlicht, die Sonne spiegelt sich so stark im Wasser, dass

Die Rousse Prestige auf dem Weg flussaufwärts in die Schleuse beim Kraftwerk Melk (linke Seite).

Die Steaua Deltei ist eines der klassischen Donauschiffe, wie sie noch von bulgarischen, rumänischen und russischen Reedereien eingesetzt werden.

der Blick zurück nur mit zusammengekniffenen Augen möglich ist. Schon nach der ersten Kurve entschwindet die alte Bischofsstadt, während die Gäste das Schiffsrestaurant einem ersten Test unterziehen. Die Küchenmannschaft weiß, dass der erste Abend ganz wichtig ist. Sie hat sich richtig ins Zeug gelegt. Wenn's heute schmeckt, ist die Stimmung an Bord gut. Schmeckt's am ersten Abend nicht, sind die Gäste morgen noch kritischer. Die Ober – die meisten kommen aus Tschechien, Bulgarien und Rumänien – versuchen diskret, die Vorlieben der Gäste zu entdecken. Bier oder Wein zum Essen? Kleine Leckereien kommen besonders gut an. Das mögen die Gäste, das zeichnet einen guten Service aus.

Ein Flussschiff wählt man, weil es – anders als bei Hochsee-Kreuzfahrten – nicht schaukeln kann. Höre ich etwas von der Maschine? Vibriert das Schiff? Schaukelt es vielleicht doch? Das sind die bangen Fragen vornehmlich älterer Gäste, die zum ersten Mal eine Nacht an Bord eines Schiffes verbringen. Fast alle wachen am nächsten Morgen gut ausgeschlafen auf, denn das Einzige, was die ruhige Fahrt des Schiffes unterbricht, sind die Schleusungen. Das sanfte Brummen der Maschine verändert sich, das Licht der Laternen an den Schleusen dringt durch die Vorhänge. Wer noch wach ist, begibt sich an Deck. Meine Güte, wirkt das Schiff klein in diesen riesigen Schleusenkammern! Je weiter der Wasserpegel sinkt, desto höher werden die Wände beiderseits des Schiffes. Ein leichter Nebel wabert um die Laternen, das gelbliche Licht wirkt gespenstisch. Dann bleibt der Lichtschein zurück, sanft gleitet das Schiff wieder in die Dunkelheit des Flusses.
Am nächsten Tag die ersten Highlights: Mit

dem Strudengau, dem Nibelungengau und der Wachau folgen drei landschaftlich besonders abwechslungsreiche Abschnitte der Donau. Je nach Fahrplan legen die Schiffe auf dem Hin- oder dem Rückweg in Orten wie Grein, Melk, Dürnstein oder Krems an. Bewaldete Hänge an der Schattenseite des Flusses, Weinberge an den von der Sonne beschienenen Nordufern, dazwischen kleine Dörfer, die sich in Taleinschnitte zwängen. Das Raubrittertum sieht man der Ruine Aggstein schon von weitem an. Den ungeheuren Reichtum der Kirche lernt man im Kloster Melk kennen. Oder lieber eine Weinprobe in einem der zahlreichen Weingüter? Jede Reederei, jeder Reiseveranstalter versucht, die Landausflüge anders zu gestalten. Die Angebote sollen sich schließlich voneinander unterscheiden. Deshalb tut man gut daran, schon vor der Buchung zu schauen, welche Ausflüge angeboten werden.

Die Wachau gehört zu den schönsten Streckenabschnitten der Donau-Flusskreuzfahrten. Weißenkirchen ist eines der bekannten Winzerdörfer.

Mit den Arosa-Schiffen entstand eine neue Generation von Kreuzfahrtschiffen. Balkon-Kabinen, Sauna und Swimming-Pool haben Maßstäbe gesetzt.

Während man in den 1970er- und 1980er-Jahren auch am Tag auf dem Fluss unterwegs war, wird heute viel nachts gefahren, damit tagsüber Zeit für interessante Landausflüge bleibt. Manch ein Schiff bleibt über Nacht in Wien oder Budapest liegen, damit die Passagiere in diesen beiden Metropolen abends das Theater oder eine andere Veranstaltung besuchen können. Das macht die Reisen mit den schwimmenden Hotels noch vielfältiger.

Inzwischen haben die meisten Gäste »ihre« Bedienung fest ins Herz geschlossen. Auch wenn es eine Pauschalreise ist, wächst an Bord doch ein »Wir«-Gefühl heran. Selbst auf den größten Flusskreuzfahrtschiffen auf der Donau haben nicht mehr als 200 Passagiere Platz – da lernt man sich schnell kennen, die Atmosphäre ist familiär.

Man könnte meinen, dass es langweilig würde, wenn in Budapest der Wendepunkt der Reise erreicht ist. Schließlich ist man die Strecke ja bereits flussabwärts gefahren. Doch geschickt gestaltete Fahrpläne sorgen dafür, dass sich nur ein Teil der Streckenabschnitte wiederholt. Was auf der Hinreise nachts gefahren wurde, sieht man nun bei Tageslicht. Die Anleger, an denen man vorgestern vorbeigerauscht ist, stehen jetzt auf dem Programm.

Wenn das Schiff am Morgen des letzten Tages Passau wieder erreicht, dann heißt es nach einer Woche vom Leben auf dem Fluss Abschied nehmen. Einigen Passagieren fällt das offenbar schwer. An der Tür zum Bus drängelt jetzt jedenfalls niemand mehr.

Schloss Schönbühel liegt auf einem markanten Felsen unweit von Melk direkt am Strom. Es befindet sich in Privatbesitz.

Hektik auf der Autobahn, Gelassenheit auf der Donau: Bei Korneuburg treffen zwei Transportwege aufeinander.

Das ungarische Parlament ist zur Donau hin gebaut worden wie das englische Parlament zur Themse (folgende Doppelseite).

Bis weit ins 19. Jahrhundert mussten Donau-Schiffer rudern können. Die K.K. Pionnier-Schul-Compagnie zu Tulln, eine Zeichnung von Wilhelm von Doderer aus dem Jahre 1860.

K.K. PIONNIER - SCHUL - COMPAGNIE
zu Tulln.

Die Donau – ein europäischer Strom

Fragt man Deutsche nach dem wichtigsten Fluss Europas, wird meist der Rhein genannt. Die Donau? Ja, natürlich, die gibt es auch noch. Die Antwort fällt in Österreich ganz anders aus: Selbstverständlich ist die Donau der wichtigste Strom. Daran gibt es in Österreich keinen Zweifel.

Beide Antworten haben ihre Berechtigung. Der Rhein ist unbestritten die wichtigere Wasserstraße und im Vergleich zur Donau eine Autobahn für die (Fracht-)Schifffahrt. Die Donau mag zwar der zweitlängste Fluss Europas sein, doch ihre Bedeutung für den Warentransport ist wesentlich geringer, vor allem im Bereich der Oberen Donau.

Die Wahrnehmung der Donau in Deutschland und Österreich unterscheidet sich sehr stark, und dies hat historische Gründe. Während Deutschland immer über Seehäfen wie Hamburg, Bremen oder Rostock verfügte, war das Alpenland Österreich auf die Donau angewiesen. Sie war über Jahrhun-

derte der wichtige Handelsweg zum Schwarzen Meer, zu den Umschlagplätzen im Seehandel. Deutschland verfügte in allen Phasen der Geschichte über verschiedene Zugänge zum Seehandel, sei es über den Rhein, die Elbe oder über die Oder. In Österreich hingegen hatte jegliche (Binnen-) Schifffahrt immer mit der Donau zu tun.
Die Donau verband die Machtzentren der österreichisch-ungarischen Doppelmonarchie, Wien und Budapest. Die Donau, das war die Lebensader der Großmacht Österreich im 19. Jahrhundert. Vom Wiener Kongress 1815 bis zum Ende des Ersten Weltkriegs zählten Böhmen und Mähren, heute Tschechien, das Königreich Ungarn einschließlich der heutigen Slowakei und Siebenbürgens sowie das Königreich Galizien von Krakau bis zum Herzogtum Bukowina ganz im Osten zum Herrschaftsgebiet. So wichtige Nebenflüsse der Donau wie Drau und Theiß führten in voller Länge durch Österreich-Ungarn.
Dies war die Zeit, als die Dampfschiffe begannen, die Großsegler von den Weltmeeren zu verdrängen. Mit nur kurzem zeitlichen Abstand setzten sich die von Maschinen angetriebenen Schiffe auch auf der Donau durch, und die Zeit des Treidelns näherte sich ihrem Ende. Noch im 17. Jahrhundert waren auf der Donau die meisten Schiffe Einwegfahrzeuge: Sie wurden nur einmal für den Transport von Waren flussabwärts eingesetzt, am Zielort wurden sie dann zerlegt und das Holz für andere Zwecke verwendet. Das Treideln oder Treppeln, wie das Ziehen der Schiffe gegen den Strom in Österreich heißt, war oftmals zu aufwändig. Welch ein Fortschritt durch die Dampfschiffe! Ab 1830 konnte man den Fluss bequem stromaufwärts befahren.
Es entstand die legendäre Erste Donau-Dampfschiffahrts-Gesellschaft (DDSG), die

Mit den Dampfschiffen konnte die Donau endlich auch flussaufwärts problemlos befahren werden. Das Aquarell von Jakob Alt aus dem Jahre 1847 zeigt den Dampfer WIEN in Linz.

Über Jahrhunderte berüchtigt bei den Schiffern: die Strömungen und Felsen bei Struden. Hinter den getreidelten Kähnen ist auf dem Aquarell von Jakob Alt von 1847 die Ruine Werfenstein zu erkennen.

die Geschichte des Personen- und Warentransports auf der Donau im weiteren Verlauf des 19. Jahrhunderts maßgeblich prägte. Um 1880 war die DDSG die größte Binnenschiffreederei Europas, wenn nicht gar der Welt. 188 Dampfschiffe, 750 Güterkähne und 100 Spezialfahrzeuge nannte die Reederei ihr Eigen. Die Donau war über Jahrhunderte der wichtigste Handelsweg in Mitteleuropa, daran konnten zunächst auch die aufkommenden Eisenbahnen nichts ändern. Erst die Automobilisierung sorgte dafür, dass die Bedeutung der Wasserwege abnahm.

Städte wie Linz, Wien, Pressburg, das heutige Bratislava, und Budapest erlebten einen starken wirtschaftlichen Aufschwung dank ihrer Lage am Strom und der damit verbundenen vorzüglichen Verkehrsanbindung. Die mittelalterlichen Handelswege über Land waren beschwerlich, der Wasserweg bildete die natürliche Verbindung. Das Stapelrecht war für die ökonomischen Erfolge der Marktflecken und Städte ebenso wichtig wie die zahlreichen Mautstellen, an denen die Schiffer zahlen mussten, um passieren zu dürfen. Doch nicht nur der Handel auf dem Verkehrsweg Donau ließ diese Städte wachsen. Eine militärische Bedeutung hatte der Fluss bereits zu Zeiten der Römer. Die Donau bildete die Grenze des Römischen Reiches nach Norden und Osten. An ihren Ufern entstanden zahlreiche Befestigungsanlagen und Standorte für die Garnisonen. Castra Regina, das heutige Regensburg, gehört ebenso dazu wie Vindobona (Wien) oder Aquincum, das spätere Ofen, das in Budapest aufging. Ein bedeutender Ort war Carnuntum westlich von Hainburg. Im 3. und 4. Jahrhundert sollen hier etwa 30 000 Menschen gelebt haben. Die Römer waren die Ersten, die Treidelwege anlegten und sehr penibel auf deren Pflege achteten. Für

sie war die Donau zwar auch als Handelsweg, vor allem aber als Transportweg wichtig, um die Truppen schnell verlegen zu können. Immerhin verfügten die Römer über eine Donauflotte, die beispielsweise unter Kaiser Trajan (53–117 n. Chr.) aus 125 Liburnen bestand. Das waren schnelle, niedrige Flussschiffe.
Auch Kaiser Karl der Große nutzte im 8. Jahrhundert die Donau, um sein Heer gen Osten zu führen. Zwischen 791 und 796 unterwarf Karl die Awaren in drei Feldzügen. Die Awaren hatten zunächst in der Theiß-Ebene gesiedelt, sich dann sogar bis auf das Gebiet des heutigen Kärntens, des Burgenlandes und der Slowakei ausgebreitet.
In den Türkenkriegen zwischen den Habsburgern und dem Osmanischen Reich setzten die Militärs ebenfalls Schiffe ein. Die erste Belagerung Wiens durch türkische

Die Österreich lief 1927 vom Stapel und war seinerzeit das stärkste Zugschiff auf der Donau. Seitliche Schaufelräder trieben das 72 Meter lange Schiff an.

Das Zugschiff Inn *der DDSG hat in Regensburg festgemacht. Die Aufnahme stammt aus den dreißiger Jahren des 20. Jahrhunderts (links). Ein unbekanntes Dampfschiff ziert diese Postkarte von Maria Taferl (rechts).*

Linienschiffe verbanden Wien und Linz, und Stift Melk gehörte schon immer zu den festen Stopps (rechte Seite).

Truppen fand 1529 statt. Zu dieser Zeit entstand eine kaiserliche Flotte auf der Donau. Nicht minder wichtig war das Kriegsbrückenwesen, das für den Bau mobiler Brücken für die Soldaten zuständig war. Es entstand ein ganz besonderer Typ von Kriegsschiff auf der Donau, die Tschaiken. Das waren hölzerne Streitschiffe mit einer Länge von 24 Metern, die gerudert oder gesegelt werden konnten. An Bord befanden sich vier bis sechs Kanonen. Im Kriegsfall beförderten die Schiffe auch Infanteristen. Ab 1762 gab es ein eigenes Tschaikisten-Bataillon, das von 1788 bis 1791 im österreichisch-türkischen Krieg mit seiner gesamten Flotte zum Einsatz kam.
Mit dem Aufkommen der Dampfschiffe wurde die neue Technik auch für Flusskriegsschiffe angewendet. »Monitor« nannte man die Flusskampfschiffe, die ab 1869 ent-

SUPPAN

Ein lokales Fährschiff verbindet Korneuburg mit Wien. Im Hintergrund sind Leopoldsberg und Kahlenberg zu erkennen.

Die österreichisch-ungarische Marine verfügte über eine ganze Reihe von Kriegsschiffen wie die SZAMOS, *die 1892 in Budapest vom Stapel lief.*

Die Erste K.K. Donau-dampfschiffahrts-Gesellschaft zeigte auf ihrem Fahrplan von 1899 ein Bild von Budapest und warb damit für Reisen auf ihren Schiffen zwischen Passau und Donau-stationen »unterhalb Belgrad«.

standen; hinzu kamen kleinere Patrouillenboote. Im Ersten Weltkrieg kam die Donau-Flottille noch einmal zum Einsatz.

Bereits 1856 ist die Donau »internationalisiert« worden. Die Europäische Donaukommission wurde im selben Jahr gegründet, ihr Nachfolger war die Internationale Donaukommission von 1921. Die Organisationen sollten darauf achten, dass der Handel für Schiffe aller Länder frei und ungehindert stattfinden konnte.

Zwei Weltkriege und ein Bürgerkrieg haben die politische Landschaft in Südosteuropa im 20. Jahrhundert stark verändert und die Grenzen verschoben. Mit dem Kalten Krieg hatte die Donau als Handelsweg für Ziele in Deutschland und Österreich endgültig an Bedeutung verloren, führte sie doch durch den so genannten Eisernen Vorhang. Da half es auch nicht, dass Österreich nie Mitglied der NATO wurde.

Mit dem Zweiten Weltkrieg waren die Zeiten österreichischer Dominanz auf der Donau endgültig vorbei. Die bestehende Internationale Donaukommission wurde 1940 aufgelöst, die neue Donaukommission mit Sitz in Budapest 1948 gegründet. Aber auch sie konnte nicht verhindern, dass der Handel während des Kalten Krieges durch die Grenzen und Zollformalitäten beeinträchtigt wurde. Zudem fehlte es an kaufkräftigen Abnehmern entlang des Stromes. Eisenbahnen, Lastwagen und Flugzeuge übernahmen die meisten der verbliebenen Transportaufgaben, die früher die Donau-Reedereien leisteten. Zudem wurde der Wasserweg nicht genügend ausgebaut, um gegen die Konkurrenz an Land bestehen zu können. Der Frachtverkehr auf dem mächtigen Strom ist heute von überschaubarer Größe.

Was den Passagierverkehr angeht, ist die Donau jedoch führend. Auf keinem anderen europäischen Fluss verkehren so viele Kreuzfahrtschiffe wie auf der Donau. Jede Saison sind es je nach Zählweise zwischen 80 und 120 Schiffe, die überwiegend zwischen Passau und Budapest eingesetzt werden.

Die Gründe für den Erfolg sind vielfältig. Zum einen ist es die bequeme Art zu reisen: Statt als Gast von Hotel zu Hotel zu fahren, schwimmt das Hotelschiff mitsamt dem Gast von Ort zu Ort – kein Umziehen, kein Kofferpacken, kein Nach-dem-Weg-Suchen. Ein weiteres Argument ist die abwechslungsreiche Landschaft entlang der Donau: waldreiche Hänge in Oberösterreich, liebliche Weinberge in der Wachau, weite Ebenen und Flussauen im Marchland und südöstlich von Bratislava, gefolgt vom Donauknie zwischen Esztergom und Vác. Eine Flusskreuzfahrt auf der Donau ist aber zwangsläufig auch eine Zeitreise durch die Geschichte Österreich-Ungarns, durch den Glanz und Pomp der k.u.k. Monarchie.

Durch den EU-Beitritt der Slowakei und Ungarns ist das Reisen noch einfacher geworden. Die alten Handelsbeziehungen füllen sich mit neuem Leben: Hier wächst gerade wieder wirtschaftlich zusammen, was schon mehrfach vereint war – unter den Römern, unter Karl dem Großen und unter dem Doppeladler Österreich-Ungarns. Die Donau spielt dabei – zumindest im Personenverkehr – erneut eine tragende Rolle. Sie darf wieder sein, was sie immer war: ein europäischer Strom.

Was einst als Schaufelraddampfer auf der Donau unterwegs war, fristet heute sein Dasein als Restaurantschiff in Budapest.

Kapitän Frits van Gent mit seiner Frau Ria und der Kreuzfahrtleiterin Sabine Oltmann von Transocean Tours.

Die Swiss Crown verlässt die Schleuse von Melk. Seitenstrahlruder helfen den Kapitänen beim Manövrieren.

Ein Donau-Kapitän erzählt

Frits van Gent ist Kapitän mit Leib und Seele. Die Eltern waren Schiffer, die Großeltern waren Schiffer, sie alle sind auf dem Rhein gefahren. Der Holländer wurde sogar auf dem Rhein geboren, auf dem Schiff seiner Eltern. Nur zur Schule musste er an Land gehen. »Schickt die Post zu meiner Tante in St. Goarshausen«, hat er seinen Freunden gesagt, »da kommen wir immer vorbei und holen die Briefe ab.« Auf dem Internat für die Kinder von Seeleuten lernte er seine spätere Frau kennen. Als die beiden selbst Kinder bekamen, stand für ihn fest, dass die nicht ins Internat sollten.

Er begann, als Schleusenwärter zu arbeiten, und fuhr nebenbei als Lotse. Dem Wasser blieb er natürlich verbunden. Erst als die Kinder aus dem Haus waren, ist das Ehepaar van Gent wieder auf den Fluss gegangen. Zuerst waren es Frachtschiffe, dann wurden es Flusskreuzfahrtschiffe. 1994 hat Frits van Gent zum ersten Mal das Kommando auf einem Donau-Schiff übernommen. »Das war damals die ›Switzerland II‹, da habe ich die Donau kennen gelernt.« Seitdem fährt er Jahr für Jahr, meistens die »Swiss Crown«, manchmal auch die »Swiss Corona«. »Die ›Swiss Crown‹, das ist mein Schiff«, erzählt er in perfektem Deutsch. Schließlich hat er für die Reederei Scylla Tours aus Basel schon den Bau beaufsichtigt. Er hat ein sehr persönliches, emotionales Verhältnis zu »seinem« Schiff.

Auf die Frage, was denn der Unterschied zwischen dem Rhein und der Donau sei, antwortet der Kapitän diplomatisch. »Die Donau ist viel ruhiger. Der Rhein ist ein wunderschöner Fluss, aber im Vergleich zur

SWISS CROWN

SWISS CROWN
BASEL
CH

Die Weinberge von Weißenkirchen bilden die Kulisse für die flussabwärts fahrende Swiss Crown.

Donau ist das eine Autobahn.« Aber es gibt auch nautische Unterschiede. »Auf der Donau gibt es Streckenabschnitte, die sind wirklich einfach zu fahren, aber es gibt auch Abschnitte mit Untiefen. Die einfachsten Stücke sind oberhalb der Schleusen, da hat man nie Probleme. Das schwerste Stück in Österreich ist die Wachau zwischen Melk und Krems. Dort ist es schmal, es gibt viele Felsen. Da muss man sich richtig auskennen, um sicher fahren zu können.« Zu Beginn ist Frits van Gent mit einem Lotsen gefahren, bis er selbst die Besonderheiten des Flusses so gut kannte, dass er keine Lotsenhilfe mehr benötigte.

»Auf dem Abschnitt zwischen Wien und Bratislava kann man auch Probleme bekommen bei Niedrigwasser«, weiß er zu berichten. Dort, wo die Donau zwischen Hainburg und der Marchmündung bei Devin eine große Kurve macht, haben sich Sandbänke abgelagert. Durch die hohe Strömungsgeschwindigkeit im Frühjahr trägt der Fluss viel Sand, Sediment und Kies mit sich. »Bei Hainburg ist es richtig schmal«, erzählt der Kapitän, doch hinter Bratislava wird es wieder breiter. »Der Gabčikovo-Kanal ist eigentlich noch größer als der Suezkanal, was die Tiefe und Breite angeht. Und dann diese riesengroße Schleuse. Unglaublich!« Da zeigt sich selbst ein so erfahrener Kapitän wie Frits van Gent beeindruckt.

Über 200-mal ist er auf der Donau zwischen

Passau und Budapest gefahren, kennt inzwischen jede Biegung und jeden Haufen. »Haufen« nennt man die Ablagerungen am Grunde des Flusses. Sie wandern mit der Strömung. Früher, als die Schiffe noch weniger gut isoliert waren, konnte man sie bei starker Strömung manchmal hören. »Der Fluss singt«, hieß das bei den Schiffern. Doch auf den modernen Flusskreuzfahrtschiffen ist dies nicht mehr zu hören.

Aber Frits van Gent kennt nicht nur den Fluss, sondern auch die meisten Leute, die in den Häfen mit den Kreuzfahrtschiffen arbeiten. An erster Stelle stehen die Hafenkapitäne. »Natürlich versuchen wir immer, den besten Liegeplatz zu bekommen. Das ist nicht für uns, sondern für die Gäste.« Die Liegeplätze werden etwa eineinhalb Jahre vorher schon angefragt. »Man muss dafür sorgen, dass man mit dem Hafenkapitän auch ein bisschen befreundet ist.« Wenn es in der Hochsaison vorkommt, dass in Budapest bis zu fünf Schiffe nebeneinander an einem Anleger liegen müssen, treffen sich die Schiffskapitäne untereinander. Dann wird ohne den Hafenkapitän besprochen, wer wann ablegen muss. Danach wird die Reihenfolge festgelegt, in der die Schiffe vertäut werden. Wer zuerst abfährt, liegt außen.

Bei den Zollbeamten funktioniert es so ähnlich wie bei den Hafenkapitänen. »Wir haben natürlich unsere Erfahrungen mit den Zollbeamten. Man muss mit ihnen umgehen können. Wenn sie morgens früh um sieben an Bord kommen, dann machen wir ein Frühstück für die Leute.« Man kennt die Beamten eben, die netten wie die unangenehmen. »Die Zollmitarbeiter sind ganz unterschiedlich. Der eine ist etwas einfacher als der andere, aber es gibt auch ein paar ganz schwierige Leute. Wenn die kommen, wissen wir genau, was los ist.« Das gilt natürlich gegenseitig: »Aber die Zollbeamten kennen die Schiffe ja genauso«, lacht van Gent. »Die wissen, bei wem sie einen Wein oder ein Bier oder ein Frühstück bekommen.« Mit Bestechlichkeit haben solche Gepflogenheiten jedoch nichts zu tun, das ist international in der Seefahrt üblich, nicht nur auf der Donau.

Die Donau-Kapitäne profitieren vom Zusammenwachsen Europas. »Es ist in den letzten zehn Jahren viel besser geworden mit den Kontrollen«, sagt van Gent. »1994 mussten wir nicht nur die Pässe vorzeigen, sondern an jeder Grenze eine Revision machen. Es hat sich wirklich vereinfacht, Gott sei Dank.« Für Frits van Gent haben jetzt die letzten Touren als Kapitän angefangen, er befindet sich bereits im Vorruhestand. Ein paar Monate im Jahr fährt er noch, aber nicht mehr die volle Saison. Er hat ein Haus gebaut in den Niederlanden, direkt am Fluss, mit eigenem Steg. Denn vom Wasser kann er nicht lassen, schließlich war er sein ganzes Leben auf den Flüssen Europas unterwegs.

Die Swiss Crown gehört der Reederei Scylla Tours in der Schweiz. Sie ist langfristig an den deutschen Veranstalter Transocean Tours verchartert.

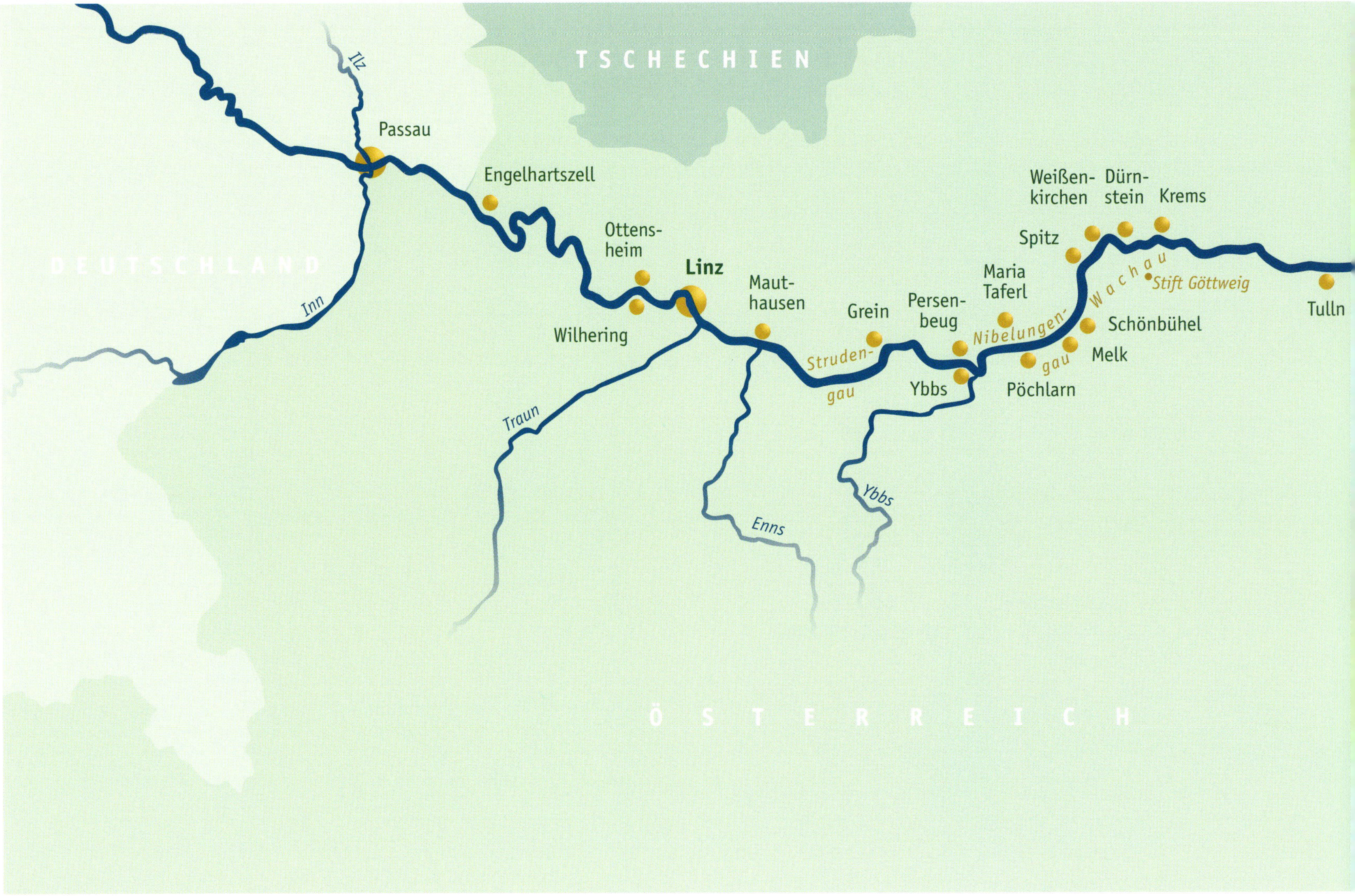
TSCHECHIEN
DEUTSCHLAND
ÖSTERREICH
Ilz
Passau
Engelhartszell
Ottens-
heim
Linz
Wilhering
Maut-
hausen
Grein
Persen-
beug
Maria
Taferl
Spitz
Weißen-
kirchen
Dürn-
stein
Krems
Stift Göttweig
Tulln
Schönbühel
Melk
Pöchlarn
Ybbs
Struden-
gau
Nibelungen-
gau
Wachau
Inn
Traun
Enns
Ybbs

N
SLOWAKEI
March
Wien
Nationalpark Donauauen
Bratislava
Petronell-Carnuntum
Hain-burg
Gabčikovo
Váh (Waag)
Hron
Ipoly (Ipel)
Komárno
Štúrovo
Vác
Komárom
Esztergom
Szentendre
Györ
Rába (Raab)
Budapest
UNGARN

Das Renaissance-Rathaus von Passau mit seinem 68 Meter hohen Turm befindet sich direkt an der Donau.

Die Veste Niederhaus liegt auf einer Landzunge und markiert die Mündung der Ilz in die Donau (rechte Seite).

Von Anleger zu Anleger: eine Reise von Passau bis Budapest

Jedes Schiff, jeder Veranstalter und jede Reederei versuchen, einen ganz eigenen Fahrplan zu entwickeln, um ihren Gästen ein möglichst schönes Reiseerlebnis auf der Donau zu bieten. An den wichtigsten Stationen wie Wien, Bratislava oder Budapest fährt natürlich niemand vorbei, doch bei den kleineren Orten gibt es schon Unterschiede. Während das eine Schiff in Weißenkirchen festmacht, legt die Konkurrenz in Spitz an. Etwa 85 Stunden reine Fahrtzeit rechnen die Kapitäne der Flusskreuzfahrtschiffe für die Strecke von Passau nach Budapest und zurück. Das entspricht rund der Hälfte der Stunden, die in einer Woche zur Verfügung stehen. In diesem Zeitrahmen kann man nicht alle schönen Orte anlaufen und schon gar nicht alle Sehenswürdigkeiten entlang des Flusses besichtigen. Manch einen der im Folgenden beschriebenen Orte sieht man also nur im Vorbeifahren. Oder auf der nächsten Reise, mit einem anderen Schiff und einem anderen Fahrplan.

Passau

Wer erst am Abreisetag nach Passau kommt und sofort an Bord geht, tut der Stadt Unrecht. Für Passau sollte man mindestens eine zusätzliche Nacht einplanen, um seine Schönheiten kennen zu lernen. Drei Flüsse treffen in der alten Bischofsstadt aufeinander: Ilz und Inn vereinigen sich hier mit der Donau. Schon die Römer erkannten, dass sich die beiden erhöhten Landzungen sehr gut für eine Siedlung eignen und gründeten rechts der Donau das Lager Castra Batava, nach dem die Stadt ihren Namen hat.
Das historische Zentrum Passaus befindet sich auf der Landzunge zwischen Donau und Inn. Das Rathaus am Donau-Ufer ist durch seine Fassadenbilder leicht zu erkennen, die Gebäude stammen aus dem 14. Jahrhundert. Hier beginnen auch die Anleger der Kreuzfahrtschiffe, die sich über das gesamte rechte Ufer der Donau bis zur Mündung des Inn erstrecken. Vom Ufer steigen

Hotel Wilder Mann
OBERHAUS
PASSAU
"Dreiflüsse" - Stadtrundfahrten
W+K

die Gassen an; der Dom, die Neue Residenz und das Kloster Niedernburg liegen vor Hochwasser geschützt weit über den Flüssen. Nach zwei großen Stadtbränden, die Passau im 17. Jahrhundert zerstörten, halfen italienische Baumeister beim Wiederaufbau. Viele Barockbauten aus dieser Zeit sind erhalten und verleihen Passau einen gerade-zu südländischen Charme.
Rund um die beiden Flussmündungen wurde gesiedelt, sodass Passau eine Stadt der Brücken ist. Links der Donau befindet sich an der Ilz-Mündung unten die Veste Niederhaus, oben auf dem Berg thront die Veste Oberhaus. Der Anstieg zu der im Jahre 1219 begonnenen Befestigungsanlage der Passauer Bischöfe ist steil, doch die Aussicht auf die Altstadt lohnt die Mühen. Schaut man von der Altstadt nach Süden, sieht man oberhalb des rechten Inn-Ufers das Kapuzinerkloster und die Wallfahrtskirche Mariahilf liegen. Auch von dort hat man einen

Von den Schiffsanlegern in der Passauer Innenstadt werden nicht nur Kreuzfahrten, sondern auch Stadtrundfahrten auf Donau, Inn und Ilz angeboten (linke Seite).

Insgesamt 14 Liegestellen säumen die Ufer der Donau in Passau.

Die Franz Liszt hat am äußersten Anleger von Passau kurz vor der Mündung des Inn festgemacht.

Zwischen Passau und Engelhartszell sind die Ufer der Donau bergig und bewaldet. Der Bayerische Wald reicht bis an das deutsche Ufer, auf österreichischer Seite grenzt der Sauwald an die Donau (linke Seite).

Das Kapuzinerkloster und die Wallfahrtskirche Mariahilf am rechten Ufer des Inn überragen die Innstadt.

Diese Hängebrücke in Passau ist bei Hochwasser ein Nadelöhr für die Schifffahrt.

schönen Blick auf das Dreiflüsse-Eck und die Altstadt.

Engelhartszell

Das rechte, österreichische Ufer ist stark bewaldet, nur vereinzelt sind Dörfer zu sehen. Obernzell am linken Ufer gehört noch zu Bayern. Kurz darauf folgt rechts am Hang Vichtenstein mit seiner Burg, doch dann gilt bereits die ganze Konzentration der Schleuse Jochenstein. Das deutsch-österreichische Kraftwerk war 1956 eines der ersten Bauwerke zur Regulierung der Wasserstände auf der Donau.

Früher war der Jochensteinfelsen ein berüchtigtes Hindernis für die Schiffer. Um ihn ranken sich zahlreiche Sagen. Die Nixe Isa soll unter ihm ihr Schloss gehabt haben. Bei Nebel wies sie den Schiffern freundlich den Weg, doch bei Vollmond bezirzte sie die Fahrensleute mit ihrem Gesang, sodass sie vom Weg abkamen. Frau Isa ist also eine Art Loreley für die Donau. Heute ist der Fels Teil der Schleusenanlage und kann Schiffen nicht mehr zum Verhängnis werden.

Der Anleger in Engelhartszell wird gern zum Ausweichen benutzt, wenn Hochwasser ein Passieren der Brücken in Passau unmöglich macht. Dann erfolgt das Ein- und Ausschiffen hier, der Transfer nach Passau wird mit Bussen organisiert. In Engelhartszell steht das einzige Trappistenkloster Österreichs.

Ganz einsam wird es bei Schlögen, wo die

Bis die Staustufe Jochenstein 1956 fertiggestellt wurde, war der Jochensteinfelsen ein berühmt-berüchtigtes Hindernis für die Schiffer.

In der Schlögener Schleife verbindet eine kleine Fahrradfähre die beiden Donau-Ufer.

Bei Kasten trennt die Donau Österreich und Deutschland. Das gegenüberliegende Ufer gehört noch zu Bayern (rechte Seite).

Schöne Barockfassaden zieren die Uferzeile von Mauthausen.

Am hübschen Anleger von Mauthausen machen nur wenige Flusskreuzfahrtschiffe fest.

Donauschlinge beginnt. Eine Fahrradfähre bringt die Radler beim Gasthof von Schlögen über den Fluss, denn am linken Ufer gibt es keine Straße. In zwei sehr engen Kurven wechselt die Donau die Richtung um jeweils 180 Grad, um anschließend nach Süden abzuknicken.

Ottensheim und Wilhering

Direkt hinter der Staustufe von Ottensheim-Wilhering folgen die beiden Orte links und rechts der Donau. Weiß blitzt Schloss Ottensheim links auf, während das Zisterzienserkloster von Wilhering vom Fluss nur am Kirchturm zu erkennen ist. Die Rokokokirche des Klosters zählt zu den schönsten Österreichs.

Die Swiss Corona flussaufwärts bei Grein (links).

Wenn die Schiffe Linz erreichen, fällt den Passagieren das weiße Schloss am rechten Ufer ins Auge (unten).

Mauthausen bekam seinen Namen von der Schiffsmaut, die hier über Jahrhunderte erhoben wurde.

Grein besitzt einen schönen Marktplatz, der von der spätgotischen Stadtkirche überragt wird.

Im Schloss Greinburg befindet sich das Oberösterreichische Schifffahrtsmuseum (rechte Seite oben).

Schloss Persenbeug lag einst frei auf einem Felsen über der Donau. Heute dominiert das Kraftwerk mit den Schleusenkammern das Bild.

Linz

Wer die Hauptstadt des Bundeslandes Oberösterreich nur vom Schiff aus sieht, wird Linz nicht viel abgewinnen können. Zu dominant sind die Industrieanlagen am Ufer. Doch wenn das Schiff hier festmacht, lohnt ein Bummel durch die drittgrößte Stadt Österreichs. Von der Schiffsstation erreicht man schnell den 220 Meter langen und 60 Meter breiten Hauptplatz, an dem das alte Rathaus aus dem 17. Jahrhundert steht. Mitten auf dem Platz ragt die Dreifaltigkeitssäule von 1723 empor. Das Linzer Schloss erhebt sich über dem Ufer und ist bereits vom Schiff aus zu sehen. In dem ehrwürdigen Gemäuer zeigt heute das Provinzialmuseum Ausstellungen zur Geschichte Oberösterreichs. Über all die Sehenswürdigkeiten soll nicht das leibliche Wohl vergessen werden: Die Linzer Torte ist als typische Spezialität in allen Cafés der Stadt zu bekommen.

Mauthausen

Das hübsche Dorf, das gegenüber der Enns-Mündung liegt, hat seinen Namen einer Maut-Station zu verdanken. 1189 wurde der Ort niedergebrannt, nachdem die Einheimischen von den Kreuzrittern Maut eingefordert hatten. Das kleine Schloss Pragstein liegt direkt am Fluss.
Bei Mauthausen befand sich zu Zeiten der nationalsozialistischen Herrschaft ein großes

Konzentrationslager. Eine Gedenkstätte erinnert an die über 300 000 Lagerinsassen, die in den Granit-Steinbrüchen Zwangsarbeit verrichten mussten.

Grein

Pittoresk erhebt sich die Burg über den Ort Grein, der seinen Namen der Sage nach von dem Greinen, also Weinen, der verunglückten Schiffer herleitet. Grein liegt im Strudengau, dem Abschnitt der Donau, der durch zahlreiche gefährliche Wasserstrudel den Schiffern Respekt abnötigte. Da passt es, dass in dem Schloss das Schifffahrtsmuseum residiert und über die Mühen des Fracht- und Passagierverkehrs auf der Donau in früheren Jahrhunderten informiert.

Von dem auf 443 Meter Höhe gelegenen Wallfahrtsort Maria Taferl hat man einen weiten Blick über die Donau in Richtung Persenbeug und Ybbs.

Erst 1959 hat man die Passage endgültig entschärft, weil durch das Kraftwerk bei Persenbeug die Donau aufgestaut wurde. Zuvor rissen bei Schleppverbänden an dieser Stelle oft die Seile. Wer zum ersten Mal an Bord eines Schiffes die Passage bewältigte, wurde durch die »Strudentaufe« geehrt. Das bedeutete nichts anderes, als dass man einen Eimer mit kaltem Wasser über den Kopf geschüttet bekam. Kreuzfahrtgäste durften sich also über die Regulierung des Flusslaufes freuen – diese Zeremonie bleibt ihnen seit 1959 erspart.
Schon zu Zeiten von Kaiserin Maria Theresia wurde im 18. Jahrhundert die »Schwalleck« genannte Felsnase bearbeitet, die eine große Gefahr für die Schiffe darstellte. Ihre endgültige Sprengung erfolgte zwischen 1824 und 1862. Dabei wurden auf dem Grund der Donau Münzen und Gegenstände aus allen Epochen bis zurück zur Jungsteinzeit gefunden. Man vermutet, dass es sich teils um Opfergaben und teils um die Ladung von gesunkenen Schiffen handelt. Bis ins Mittelalter hinein brachte man an den Strudeln zwischen Grein und Struden den Flussgöttern Opfer.

Nur zwei Kilometer flussabwärts, wo die Donauinsel Wörth den Strom teilt, folgten unterhalb der Burg Werfenstein erneut gefährliche Strudel. Der Sage nach erschien den Schiffern auf der Burg oder dem Fels Haustein der »Schwarze Mönch«, was den sicheren Tod bedeutete.

Persenbeug

Mit dem Staudamm und dem Kraftwerk bei Persenbeug hat seit 1959 der Spuk bei Grein und Struden ein Ende. Die einst so gefährliche Passage ist durch die Felssprengungen des 19. Jahrhunderts und die Erhö-

(Fortsetzung S. 74)

Ein Schubverband lässt auf der Höhe von Rosenbichl im Nibelungengau bei starkem Wind die Gischt spritzen (linke Seite oben).

Pöchlarn, wo sich das Geburtshaus des Malers Oskar Kokoschka befindet, aus der Höhe gesehen (linke Seite unten).

Die Wallfahrtskirche von Maria Taferl wurde von 1661 bis 1724 erbaut. Rund um die Kirche entstanden schon früh Hotels und Pensionen, die Maria Taferl zu einem beliebten Ferienort machten (links).

Barocke Pracht – das Stift Melk

Die Bibliothek des Stifts Melk gehört zu den prachtvollen Räumen, die Besucher immer wieder aufs Neue beeindrucken.

Das Stift Melk ist das auffälligste Gebäude, das auf der Fahrt von Passau nach Budapest auf der Donau passiert wird. Kein Schiff, das hier nicht anlegt, damit die Gäste das Weltkulturerbe würdigen können. Der leuchtende, gelb-weiße Anstrich, die enormen Ausmaße und die erhabene Lage über Stadt und Fluss lassen keinen Zweifel an der Bedeutung von Stift Melk aufkommen.
Die Baumeister Jakob Prandtauer und Joseph Munggenast schufen dieses Meisterwerk barocker Baukunst zwischen 1702 und 1746. Zuvor hatte sich an gleicher Stelle bereits ein Benediktinerkloster befunden, das aber durch Kriegsschäden und Brände baufällig geworden war.
Das Stift Melk weist Dimensionen auf, die damals wie heute sehr beeindruckend sind: Allein die Südfront misst 362 Meter Länge. Durch den steil abfallenden Hang zur Donau hin gibt es von dieser Seite keinen Zugang, der Eingang ist nur von der Ostseite möglich. Es ist von der Stadt aus ein gutes Stück zu gehen, und meist bringen Busse die Gäste der Kreuzfahrtschiffe hinauf. Aber auch die Annäherung zu Fuß hat ihren Reiz, erschließen sich doch so die Dimensionen auf eindrückliche Weise.

Zunächst geht es durch einen Teil des Stiftsparks, der eigentliche Stiftsgarten kostet Eintritt. Der Prälatenhof, der zweite Innenhof nach dem Vorhof, kann es mit den meisten Schlössern Europas aufnehmen, so groß ist er. Durch den Bereich des Stifts, der für Besucher freigegeben ist, führt ein fester Rundgang. Die erste Station ist der Kaisersaal. Dieser Flügel war für die adeligen Herrschaften bestimmt, die Melk besuchten. In einem 196 Meter langen Gang, dem Kaisergang, findet man Gemälde der österreichischen Herrscher. Es folgt der prächtige Marmorsaal mit dem großen Deckengemälde, bevor man mit dem Kolomanihof das Freie erreicht. Dies ist das Halbrund auf der Westseite, das vom Schiff aus schon gut zu erkennen war.

Die nächste Station ist die Bibliothek, die dem Marmorsaal gegenüberliegt. Sie stellt alles bisher Gesehene an Pracht in den Schatten. Rund 100 000 Bände besitzt das Kloster, zu sehen sind in diesem Raum etwa 16 000 Bücher. Die Farben Braun und Gold mischen sich zu einem warmen Ton. Auch hier dauert das Betrachten des üppigen Deckengemäldes so lange, dass die Nackenmuskulatur verspannt. Wie bereits im Mar-

Aus der Entfernung werden die Ausmaße der barocken Anlage besonders deutlich. Im Hintergrund sind die niederösterreichischen Alpen zu erkennen.

Die Baumeister Jakob Prandtauer und Joseph Munggenast schufen dieses Meisterwerk barocker Baukunst zwischen 1702 und 1746. Zuvor hatte sich an gleicher Stelle bereits ein Benediktinerkloster befunden.

Der Hochaltar der Stiftskirche wurde zwischen 1727 und 1735 aus Marmor, vergoldetem Holz und Stuck geschaffen.

Der Marmorsaal schließt den Kaisertrakt des Stifts ab. Er war als Speise- und Gästesaal gedacht. Das Deckenfresko stammt von Paul Troger.

Obwohl die Kreuzfahrtschiffe direkt zu Füßen des Stifts festmachen, muss man doch weit laufen oder mit dem Bus fahren, denn es führt kein direkter Weg hinauf.

Auch im Barock darf die Form manchmal der Funktion folgen, jedenfalls bei dieser Wendeltreppe.

Die Decken von Kirchenschiff und Kuppel wurde von Johann Michael Rottmayr aufwändig gestaltet.

Im Prälatenhof glaubt man, ein königliches Schloss vor sich zu haben.

morsaal heißt der Künstler Paul Troger. Sein Deckengemälde stammt aus dem Jahre 1732.
Eine letzte Steigerung bildet die Stiftskirche, die zu den schönsten barocken Bauwerken Europas zählt. Das Deckengemälde des Kirchenschiffs stammt vom Meister Michael Rottmayr, die Gesamtkomposition der Stiftskirche ist das Verdienst des italienischen Meisters Antonio Beduzzi. Angesichts der 64 Meter hohen Kuppel – auch diese ist kunstvoll gestaltet – fällt es schwer, den Kopf gesenkt zu halten.

Zum Ende des Rundgangs wird man unweigerlich durch den Souvenirshop des Stifts Melk geleitet. Die nicht unbeträchtlichen Einnahmen finanzieren den Erhalt dieser mächtigen Anlage, die in Teilen bis heute als Kloster dient. Etwa 30 Mönche leben im Stift Melk, das zudem ein eigenes Gymnasium betreibt, auf dem 880 Schüler unterrichtet werden.
Über all dieser Pracht sollte der eigentliche Ort Melk nicht übersehen werden, denn hier gibt es einige schöne historische Gebäude und nette Weinstuben.

Hoch über der Donau liegt die Ruine Aggstein, in der im 15. Jahrhundert ein grausamer Raubritter gesessen haben soll, der die vorbeifahrenden Schiffer ausplünderte.

Die Arosa Donna *auf ihrem Weg durch die herbstliche Wachau.*

Das kleine Servitenkloster bei Schönbühel liegt abseits der Straße und ist nur vom Schiff oder vom anderen Ufer aus zu sehen.

Die Rousse Prestige hat Schloss Schönbühel passiert und nimmt nun Kurs auf den Anleger von Melk.

hung des Wasserpegels im 20. Jahrhundert sicher geworden. Nur das Schloss in Persenbeug hat durch das Kraftwerk und die Schleusen seine idyllische Lage eingebüßt. Schräg gegenüber von Persenbeug liegt auf dem rechten Donau-Ufer die Kleinstadt Ybbs.

Maria Taferl

Linker Hand taucht die Wallfahrtskirche von Maria Taferl auf dem 443 Meter hohen Berg auf. Als ab 1658 Gerüchte von Wunderheilungen bekannt wurden, vernahm eine kirchliche Kommission unter Bischof Leopold Wilhelm von Passau 50 Zeugen und gab anschließend die Erlaubnis zur Errichtung einer Kirche. 1661 wurde mit dem Bau begonnen, die Einweihung erfolgte 1724. Die Wallfahrtskirche liegt an einem der schönsten Aussichtspunkte über die Donau, sowohl flussauf- wie flussabwärts hat man einen weiten Blick. Kein Wunder, dass Maria Taferl schon im 19. Jahrhundert ein touristisches Ziel wurde, sodass hier mehrere Hotels und Gasthöfe entstanden.

Pöchlarn

Wenn die Schiffe in Pöchlarn festmachen, steht vor allem ein Besuch des Geburtshauses des Malers Oskar Kokoschka (1886–1990) auf dem Programm. Neben einer Dokumentation zu Leben und Schaffen des Malers kann man auch Grafiken und einige seiner Werke betrachten.
Der Flussabschnitt zwischen Ybbs und Melk wird »Nibelungengau« genannt, weil er im Nibelungenlied Erwähnung findet. In Pöchlarn hat man hinter dem Deich ein Denkmal zu diesem Thema errichtet.

Die Steaua Deltei zwischen Aggsbach Markt und Aggsbach Dorf.

Die Maxima fährt flussabwärts in Richtung Weißenkirchen (rechte Seite).

Die Ruine Hinterhaus kündigt der Arosa Donna den Beginn der Ortschaft Spitz an.

ROUSSE
РУСЕ

Uferidylle in Rossatzbach gegenüber von Dürnstein.

Der Mund mit der Rose ist das Kennzeichen der Arosa-Schiffe. Hier kommt die Arosa Donna vor Dürnstein um die Biegung.

Die Rousse hat in Weißenkirchen festgemacht, die Gäste befinden sich auf einem Landausflug (linke Seite).

Schönbühel und Aggsbach

Sobald die große Straßenbrücke bei Melk unterquert wird, fällt der Blick auf das prominent auf einem Felsvorsprung im Fluss liegende Schloss Schönbühel. Schon zu Beginn des 9. Jahrhunderts gab es hier eine Burg, die den Bischöfen von Passau gehörte. Das heutige Aussehen erhielt Schloss Schönbühel in der ersten Hälfte des 19. Jahrhunderts. Es kann ebenso wenig besucht werden wie das wenige hundert Meter weiter folgende Servitenkloster.

Die nächsten beiden Orte sind Aggsbach

Markt am linken und Aggsbach Dorf am rechten Ufer. Von hier aus hat man den besten Blick auf die hoch oben auf einer Felsnase thronende Ruine Aggstein.

Willendorf und Spitz

Bevor die Weinberge bei Spitz erreicht werden, passiert das Schiff zunächst Willendorf. Der Ort wäre nicht weiter erwähnenswert, hätte man hier nicht die so genannte »Venus von Willendorf« gefunden. Die elf Zentimeter große Kalksteinfigur ist vermutlich etwa 32 000 Jahre alt. Lange Zeit war die Venus von Willendorf die älteste Darstellung einer Frau. Das Original befindet sich in Wien, am Fundort ist eine Kopie zu besichtigen.
Spitz war bis 1504 eine bayerische Enklave. Die Ruine Hinterhaus ist seit 1243 urkundlich bekannt, als zweite Burg gehörte das Vordere Haus mitten in der Ortschaft zu den Verteidigungsanlagen. Spitz liegt hübsch in die Weinberge eingebettet, wird aber nur gelegentlich von einigen Reedereien angelaufen. Der örtlich Weinberg heißt Tausendeimerberg, weil in guten Jahren die Ernte bis zu tausend Eimer, also etwa 56 000 Liter Wein ergibt. Auch in Spitz findet man ein Schifffahrtsmuseum.

Weißenkirchen

Weißenkirchen ist das zweite Winzerdorf, an dessen Anleger sich Flusskreuzfahrtschiffe einfinden. Bemerkenswert ist die Pfarrkirche,

Die Brücken der meisten Schiffe lassen sich hydraulisch versenken. So passen sie im Falle von Hochwasser besser unter niedrigen Brücken hindurch.

Gut zu erkennen sind die drei Decks der Arosa Donna: das untere Kabinendeck knapp über der Wasserlinie, darüber die Balkonkabinen und oben das verglaste Restaurantdeck.

Längst nicht alle Schiffe machen in Weißenkirchen fest, allerdings können die Wachauer Weine meist auch an Bord probiert werden (unten).

die den Charakter einer Wehrkirche hat. Auch die teilweise prächtigen Höfe weisen starke Mauern zur Verteidigung auf. Der Türkenkrieg, der Dreißigjährige Krieg und Bauernaufstände im 16. und 17. Jahrhundert veranlassten die Bürger zu diesen Schutzmaßnahmen. Die Häuser und Höfe zeugen aber auch von dem Wohlstand, den der Wein brachte. Eines der bedeutendsten Baudenkmäler ist der Prandtauerhof im benachbarten Joching, der 1696 vom Jakob Prandtauer, dem Architekten des Stifts Melk, entworfen wurde. Im Prandtauerhof befindet sich heute ein Gourmetrestaurant.

Dürnstein

Dürnstein ist der Inbegriff der romantischen Wachau. Die Postkartenidylle mit dem blauen Kirchturm und der Burgruine liegt erhöht über der Donau. Als der Durchgangsverkehr sich noch durch die schmalen Gassen quälen musste, war Dürnstein alles andere als

Die PRIMADONNA ist als Katamaran eine sehr auffällige Erscheinung. Hier passiert sie gerade Dürnstein (links).

Die MOZART war das erste und einzige Kabinenschiff der DDSG. Seit einigen Jahren fährt sie für die Reederei Deilmann.

Die MOZART ist ebenfalls als doppelrümpfiger Katamaran konstruiert (folgende Doppelseite).

Nicht nur Wein, auch Obst wird in der Wachau angebaut: hier Apfelbäume in Rossatzbach.

Das Stift Göttweig ist ähnlich imposant wie das in Melk. Es liegt weithin sichtbar auf einer Anhöhe bei Krems (rechts).

Romantisches Dürnstein: Weinberge, schmale Gassen und über allem die Burgruine (rechte Seite).

idyllisch, doch die Umfahrung durch den Tunnel hat das Problem gelöst. So können Besucher nahezu autofrei durch diesen Ort schlendern.
Frühe Berühmtheit erlangte Dürnstein durch die Gefangenschaft von König Richard Löwenherz von England. Er saß im Jahre 1193 auf der Burg hinter Gittern, konnte sich aber freikaufen.
Der Fußweg zur Ruine hinauf ist steil, aber der Ausblick auf die Dächer Dürnsteins und die Donau lohnt die Anstrengung. Obwohl der Ort klein ist, vereint er eine enorme Zahl an Sehenswürdigkeiten auf dem Felsvorsprung über der Donau. Zum im 15. Jahrhundert gegründeten Augustiner-Chorherrenstift gehört auch die barocke Pfarrkirche mit ihrem markanten Turm. An ihrem Bau war wiederum der geniale Baumeister des Stifts Melk, Jakob Prandtauer, beteiligt. Im ehemaligen Schloss, das ab 1622 entstand, befindet sich heute ein Hotel. Von den Donau-Terrassen hat man – neben Maria Taferl – den vielleicht schönsten Blick auf den Fluss. Der Wein tat ein Übriges, um Dürnstein bekannt zu machen. Da nimmt es nicht Wunder, dass sich das Dorf im Sommer fest in der Hand der Touristen befindet.

Krems

In Krems endet die Wachau, das enge Tal weitet sich zu einer Ebene, die bis Wien reicht. Krems, das im Jahr 995 erstmals

urkundlich Erwähnung fand, wurde zusammen mit der Wachau in die UNESCO-Liste des Weltkulturerbes aufgenommen. Die Altstadt war früher von einer Stadtmauer umschlossen, von der noch der Pulverturm und das Steiner Tor zu sehen sind. Auch im Ortsteil Stein sind zahlreiche historische Bauten erhalten.
Die Stadt ist von Weinbergen umgeben, die einst von Mönchen angelegt wurden. Der bekannteste Wein der Region ist der Grüne Veltliner, ein Weißwein, dem eine pfeffrige, würzige Note eigen ist. Eine Besonderheit ist das Karikaturmuseum, das die Werke großer österreichischer Spötter wie Manfred Deix zeigt. Krems wird von den Kreuzfahrtschiffen gern angelaufen, weil es sich gut als Ausgangspunkt für Landausflüge eignet.
In der Ferne werden über dem rechten Flussufer noch einmal die Machtfülle und der Reichtum der Kirche sichtbar. Schon von weitem ist das Stift Göttweig zu erkennen, obwohl es doch Kilometer von der Donau entfernt liegt. Durch die prominente Lage auf einem freien Hügel mit Blick in alle Himmelsrichtungen konnten die Mönche ihre

Über Dürnstein mit seinem blauen Kirchturm und die Donau reicht der Blick bis zum Stift Göttweig.

Die FIDELIO liegt in Krems, wo zum ersten Mal seit Melk wieder Brücken die Donau queren.

Ländereien überblicken. Vier Türme kennzeichnen den mächtigen quadratischen Bau, der eher an eine Burg erinnert als an ein Kloster. Das Stift wurde 1083 gegründet, seine heutige Form bekam es nach einem Brand zu Beginn des 18. Jahrhunderts.

Tulln

Ein eher seltener Haltepunkt ist Tulln, das als Römerlager gegründet wurde. Ein interessantes Museum widmet sich dieser Epoche. Mit der elfseitigen Dreikönigskapelle aus dem 13. Jahrhundert verfügt Tulln über ein kunsthistorisch bedeutendes Bauwerk. Sehenswert ist das Museum, das sich dem Wirken des Malers Egon Schiele (1890–1918) widmet. Ironischerweise befindet es sich im ehemaligen Bezirksgefängnis, in dem Schiele kurzfristig einsaß, weil seine Zeichnungen als anstößig empfunden wurden.

Landausflüge führen in Krems entweder zum Stift Göttweig oder in eines der zahlreichen Weingüter zur Weinprobe.

Der Kremser Ortsteil Stein ist wegen seiner romantischen Stimmung bei Ausflüglern beliebt (links).

Die Weine der Wachau können auch im ehemaligen Kloster Und (rechts) verkostet werden.

Wien

Wien ist der Dreh- und Angelpunkt einer jeden Flusskreuzfahrt. In der Heimatstadt der Ersten Donau-Dampfschiffahrts-Gesellschaft legen heute jedes Jahr zwischen 80 und 90 Flusskreuzfahrtschiffe an. Die Klassiker Wiens sind natürlich die Hofburg mitsamt den Prunkbauten des ausgehenden 19. Jahrhunderts an der Ringstraße. Auch ein Besuch der Spanischen Hofreitschule mit dem Auftritt der Lipizzaner gehört zu den bekannten

Krems und Stein gehen ineinander über. Das Fahrgastschiff Austria hat abgelegt und fährt flussaufwärts nach Dürnstein.

Austria
BRANDNER

Vom Leopoldsberg vor den Toren Wiens schaut man auf Klosterneuburg. Auch Korneuburg, wo einst viele Donauschiffe auf Werften entstanden, ist im Hintergrund zu erkennen.

Prachtvolles Wien: Üppige Figuren heißen die österreichischen Parlamentarier (und die Touristen) willkommen.

Eine Fahrt mit dem Fiaker ist zwar nicht billig, führt aber auf sehr angenehme Weise zu den wichtigsten Sehenswürdigkeiten Wiens.

Einst lag Wien wegen der Hochwassergefahr etwas abseits der Donau. Heute ist der Lauf durch Kanäle und Staustufen weitgehend gezähmt, und die Stadt wuchs bis an den Fluss.

Höhepunkten des Aufenthaltes. Gotischer Stephansdom oder barocke Karlskirche? Kunsthistorisches oder Naturhistorisches Museum? In Wien muss man sich entscheiden, um aus der Fülle an Sehenswertem auszuwählen.
Gegen Stress beim Besichtigungsprogramm hilft ein Besuch in einer Institution: Was wäre ein Aufenthalt in der Hauptstadt Österreichs ohne einen gemütlichen Plausch in einem der traditionsreichen Caféhäuser? Eine Fahrt mit dem Fiaker ist ein Erlebnis, denn die meisten Kutscher sind kundige

Der Prater ist ein großer Rummelplatz ohne Romantik. Nur das Riesenrad weckt nostalgische Gefühle und bietet zudem eine fantastische Aussicht über Wien.

Die Hofburg ist der zentrale Treffpunkt von Touristen aus aller Welt in Wien.

Die Neue Donau (links) ist ein Entlastungskanal. Der Schiffsverkehr verläuft auf der Donau im Vordergrund, die Donauinsel zwischen Neuer Donau und Donau zählt zu den beliebtesten Freizeitgebieten Wiens.

Die A*MADEUS* *passiert den Leopoldsberg bei Wien mit der kleinen Wallfahrtskirche (oben).*

Die meisten Kreuzfahrtschiffe machen in Wien an Handelskai und Praterlände fest (oben rechts).

Die Besatzungen der Schiffe kennen sich, denn oft liegt man im Doppelpack am Kai.

Das Heidentor von Petronell-Carnuntum ist nur eine der zahlreichen Ausgrabungsstätten aus römischer Zeit.

Gästeführer, und das Tempo ist ideal für ein entspanntes Betrachten der Schönheiten Wiens. Allein die hohen Preise schrecken manch einen Urlauber ab. Für den großen Überblick eignet sich wie eh und je eine Fahrt mit dem Riesenrad auf dem Prater, der sonst aber ein gewöhnlicher Jahrmarkt geworden ist, mit Fahrgeschäften, die nur die Nerven kitzeln sollen. Die Fahrt mit dem Riesenrad gehört einfach zu Wien, den Rest kann man sich sparen, da hat die Stadt Schöneres zu bieten.

Mit dem Ort Devin beginnt die Slowakei am linken Ufer. Hier mündet die March in die Donau.

Die Marchauen zwischen der Marchmündung und Wien sind als Nationalpark geschützt. Hier passiert das ehemalige DDSG-Schiff THEODOR KÖRNER eine Sandbank.

Da viele Gäste Wien schon einmal oder gar mehrfach besucht haben, bieten viele Veranstalter und Reedereien zunehmend spezielle Thementouren an. Theaterbesuche am Abend oder Sightseeing auf den Wiener Friedhöfen sind Alternativen zu den klassischen Attraktionen. Auch kunsthistorische Themen lassen sich exzellent verfolgen: Wer sich für Jugendstil-Architektur interessiert, findet eine Fülle an interessanten Objekten vor. Von öffentlichen Toiletten über U-Bahn-Stationen wie am Karlsplatz bis hin zu prachtvollen Bürgerhäusern und Brücken: Der Jugendstil ist in Wien so allgegenwärtig, dass es einen eigenen Stadtführer nur zu diesem Thema gibt!
Zu den wichtigsten Ausflugszielen jenseits der Innenstadt gehören Schloss Schönbrunn und der Heurigen-Vorort Grinzing. Auch eine Fahrt hinauf auf den Kahlenberg und den Leopoldsberg hoch über der Donau lohnt wegen der weiten Aussicht. Vom Leopoldsberg sehen die Flusskreuzfahrtschiffe nur noch wie Spielzeugboote aus.

Petronell-Carnuntum

Selten, dass in Bad Deutsch-Altenburg oder Hainburg ein Schiff festmacht, um einen kurzen Abstecher nach Petronell-Carnuntum anzubieten. Das ist schade, denn hier förderten umfangreiche Ausgrabungen eine der größten und wichtigsten römischen Siedlungen zu Tage. Bis zu 50 000 Menschen sollen hier gewohnt haben. Zu sehen sind unter anderem die Überreste zweier Amphitheater und der großen Therme, das so genannte Heidentor und ein Wohnviertel.

Hainburg
Während des Kalten Krieges war Hainburg der Wendepunkt für die österreichischen Ausflugsschiffe. Bereits im 13. Jahrhundert wurde die Kleinstadt befestigt, drei Tore sind erhalten. Vom 345 Meter hohen Braunsberg, der vermutlich bereits vor der Römerzeit besiedelt war, hat man einen weiten Rundblick über die Marchauen, die Mündung der March bei Devin und flussabwärts bis nach Bratislava.

Bratislava
Wien und Bratislava, das frühere Pressburg, sind die beiden europäischen Hauptstädte, die am nächsten beieinander liegen. Kaum mehr als 50 Kilometer trennen die Städte. Bratislava ist weit weniger bekannt als Wien und Budapest, aber die Entdeckung der slowakischen Metropole lohnt sich.

Vom Burgberg hat man einen schönen Blick auf die Altstadt von Bratislava am linken Ufer und die Trabanten-Vorstädte rechts der Donau.

Oben auf dem einzigen Pylon der Schrägseilbrücke befindet sich Bratislavas höchstes Restaurant.

Abendprogramm in Bratislava: Die VIKING STAR liegt noch am Anleger, während alle anderen Schiffe schon wieder auf dem Fluss unterwegs sind (folgende Doppelseite).

VIKING STAR

SLOVENSKÉ NÁRODNÉ MÚZEUM
A ROSA RIVA

Von 1536 bis 1784 war Bratislava die Hauptstadt Ungarns. Über Jahrhunderte fühlten sich die Slowaken fremdbestimmt: durch die Österreicher, durch die Ungarn und zuletzt durch die Tschechen. Seit der friedlichen Teilung der Tschechoslowakei in zwei unabhängige Staaten 1993 ist Bratislava die jüngste Hauptstadt Europas.
Von den Schiffsanlegern sind es nur wenige Schritte bis in die autofreie Altstadt, die sehr schön restauriert wurde. Hier wirkt Bratislava kleinstädtisch und gemütlich. Zahlreiche Straßencafés und Restaurants sorgen für südländische Atmosphäre. Steigt man jedoch auf den Burgberg mit der auffälligen Burg – sie trägt den Beinamen »der umgedrehte Tisch« wegen ihres quadratischen Grundrisses und der vier Ecktürme –, erscheint Bratislava in einem ganz anderen Licht. Am rechten Donau-Ufer präsentiert sich die Großstadt mit ihren 450 000 Einwohnern, die hier in recht einförmig wirkenden Plattenbauten wohnen. Kontraste auch bei den Brücken über die Donau: im Vordergrund die moderne Schrägseilbrücke mit dem UFO-förmigen Restaurant oben am Träger,

Von den Anlegern sind es nur hundert Meter bis in die Altstadt von Bratislava. Hier die Arosa Riva.

Kreuzfahrtschiffe dicht an dicht – die slowakische Hauptstadt lässt kein Schiff aus.

Die Burg von Bratislava wird im Volksmund gern als »der umgedrehte Tisch« bezeichnet.

Humorvolles Bratislava: eine Skulptur mit eigenem Verkehrsschild.

Eine Fahrt mit der historischen Straßenbahn von Bratislava wird oft als Landausflug angeboten.

Das 1992 in Betrieb genommene Kraftwerk Gabčikovo verfügt über die größten Schleusenkammern der Donau.

weiter flussabwärts die alte, grüne Stahlbrücke von 1890. Breite Boulevards wie in Wien oder Budapest sucht man in Bratislava vergeblich, mit Ausnahme des langen, schmalen Platzes vor dem Nationaltheater.

Gabčikovo

Nautisch gesehen wird es flussabwärts von Bratislava erst einmal langweilig. Die mäandernde Donau wurde durch den Kanal von Gabčikovo gezähmt. Die Altarme liegen abgetrennt und vom Schiff aus nicht sichtbar hinter einem kleinen Deich. Sie bieten zahlreichen Wasservögeln einen idealen Lebensraum. Bei der Einfahrt in den breiten Kanal kommt rechts das neue Kunstmuseum Danubiana in Sicht, das einsam auf der Spitze der Landzunge liegt. Etwa 29 Kilometer später folgt die Staustufe mit den größten Schleusenkammern der Donau und dem gemeinsamen ungarisch-slowakischen Wasserkraftwerk. Nach weiteren zehn Kilometern endet die kanalisierte Strecke, die häufig nachts passiert wird.

Komárom

Komárom ist eine geteilte Stadt: Früher gehörte sie ganz zu Ungarn, seit dem Versailler Friedensvertrag nach dem Ersten Weltkrieg ist der Stadtteil am linken Ufer slowakisch, der am rechten Ufer ungarisch. Das Thermalbad und die drei Befestigungsanlagen aus dem 19. Jahrhundert sind für Besucher interessant.

Eine kleine Autofähre verbindet die beiden Ufer des Donaukanals bei Vojka (oben links).

Der Gabčikovo-Kanal wird oberhalb des Kraftwerks zu einer Wasserstraße von enormen Ausmaßen aufgestaut.

Parallel zum Gabčikovo-Kanal verlaufen die Altarme der Donau. Zahlreiche Wasservögel sind hier heimisch.

Esztergom

Kurz vor dem Donauknie machen fast alle Schiffe in Esztergom, einer der ältesten Städte Ungarns, fest. Der Anleger befindet sich zu Füßen des Doms und der Burg, den beiden wichtigsten Sehenswürdigkeiten. Auf dem Burgberg hatte seit dem Jahr 1010 eine Kirche gestanden, deren rekonstruiertes Portal aus dem 12. Jahrhundert sich heute im Burgpalastmuseum befindet. Ihr Nachfolger, eine Barockkirche, musste im 19. Jahrhundert dem mächtigen Dom weichen. Mit seiner Länge von 118 Metern und der großen, aus allen Himmelsrichtungen sichtbaren Kuppel lässt der Dom die tiefer gelegene Kleinstadt wie ein Dorf erscheinen. Zur Einweihung 1856 dirigierte Franz Liszt ein eigens für den Anlass komponiertes Werk. Auch der Königspalast ist sehenswert. Die

Das Kunstmuseum Danubiana liegt sehr einsam auf der Landzunge zwischen dem Gabčikovo-Kanal und dem Altarm der Donau.

Burganlage entstand zwischen dem 10. und 12. Jahrhundert, wurde während der Türkenkriege zerstört und teilweise verschüttet. Erst im 20. Jahrhundert erinnerte man sich des alten Königspalastes. Die Ausgrabungen führten zu einer behutsamen Rekonstruktion wesentlicher Teile.
Mit dem Ablegen in Esztergom hat die Tiefebene vorerst ein Ende, die Ufer werden wieder höher, der Fluss verengt sich. Bei Niedrigwasser beginnt nun eine der schwierigen Passagen, weil die Fahrrinne sehr flach ist und leicht versandet.

Visegrád
Nach der Fahrt durch das Donauknie, wie die Flussschleife heißt, taucht am rechten Ufer Visegrád auf. Die Römer errichteten hier ein Militärlager, von dem ein Turm erhalten blieb. In slawischer Zeit erhielt der Ort seinen Namen, der so viel wie »hohe Veste« oder »hohe Burg« bedeutet. Visegrád erhielt im 13. Jahrhundert eine Unter- und eine Oberburg, im 14. Jahrhundert wurde der Königssitz hierhin verlegt. Später wurden die Burgen noch als Sommersitz des ungarischen Königshauses genutzt. Zwar ist von der einstigen Pracht heute nichts mehr zu sehen, aber ein Rundgang durch die Ruinen ist trotzdem lohnenswert.
Bei Visegrád sollte in den achtziger Jahren des vorigen Jahrhunderts eine Staustufe gebaut werden, und die Arbeiten hatten schon begonnen. Nach heftigen Protesten wurde das Projekt 1989 eingestellt. Für die Schifffahrt ist diese Entscheidung nicht von Vorteil, denn bei extremem Niedrigwasser können selbst Schiffe, die einen Tiefgang von nur 1,50 Meter haben, nicht mehr passieren.

Wappen zieren die Pfeiler der Maria-Valeria-Brücke von Esztergom.

Die Brücke zwischen Esztergom und Štúrovo verbindet das ungarische mit dem slowakischen Ufer der Donau.

Der Dom von Esztergom wurde 1856 fertig gestellt. Zu seiner Einweihung dirigierte Franz Liszt die eigens zu dem Anlass komponierte »Graner Festmesse«.

FRANZ LISZT
Rembrandt

Internationale Kreuzfahrten auf der Donau: die deutsche FRANZ LISZT, *die niederländische* REMBRANDT VAN RIJN *und die französische* BOHEME *im Dreierpack am Anleger von Esztergom.*

E.H.Harms Danube Ro-Ro

Ein Frachtschiff mit Pkws an Bord im Donauknie bei Dömös.

Den schönsten Blick auf Vác hat man von der Fähre aus, die die Donauinsel mit dem Bischofssitz verbindet.

Vác

Am linken Ufer der Donau liegt die barocke Kleinstadt Vác in der nun wieder flachen Landschaft. Seit dem ausgehenden 17. Jahrhundert war Vác Bischofssitz, was der Entwicklung des Ortes sehr förderlich war. Die Kuppel des Doms ist vom Schiff aus ebenso zu sehen wie die Türme der drei Kirchen im historischen Zentrum. Sehenswert ist auch der Bischofspalast mit dem ausgedehnten Palastgarten. Leider machen nur recht wenige Schiffe in Vác fest.

Szentendre

Gegenüber von Vác liegt die große Insel Szentendrei sziget im Fluss. Sie ist rund 30 Kilometer lang und ein Naherholungsgebiet für die Budapester Bevölkerung. Am Nebenarm liegt am rechten Donau-Ufer das Städtchen Szentendre, das häufig als Landausflug von Budapest aus besucht wird. Galerien, Museen, Folklore-Läden und Souvenir-Kioske bestimmen das Bild des Ortes, der stark vom Tourismus geprägt ist. Szentendre ist von Budapest auch mit dem Vorortzug oder mit dem Ausflugsschiff zu erreichen.

Budapest

Am Ufer befinden sich immer mehr Industrie-Anlagen. Hier lagen im 19. Jahrhundert die Werften, auf denen zahlreiche Dampfschiffe entstanden. Doch sobald man sich

Platz an den Anlegern von Budapest gibt es nur am Wochenende. Dann befinden sich die meisten Schiffe in Passau, wo neue Gäste aufgenommen werden.

Die Kettenbrücke und das Parlament ziehen bei der Einfahrt in Ungarns Hauptstadt die Blicke auf sich.

Steinerne Löwen bewachen die Brückenköpfe der Kettenbrücke zwischen Buda und Pest.

Die Anleger für Kreuzfahrtschiffe beginnen in Budapest bei der Elisabethbrücke und enden jenseits der Freiheitsbrücke. Die Viking Danube hat direkt bei der Elisabethbrücke festgemacht.

der Innenstadt nähert, wechselt der Eindruck: Es gibt wohl kaum eine schönere Einfahrt als die nach Budapest. Allenfalls die Themse in London ist vergleichbar. Wie eine Hauptstraße führt der Fluss zwischen den Sehenswürdigkeiten hindurch: rechts Buda mit der hoch oben gelegenen Fischerbastei und der Budaer Burg, links Pest mit dem Parlament, das dem Wasser zugewendet ist. Dazwischen die vielen Brücken, die den Strom überspannen.
Die Anleger der Flusskreuzfahrtschiffe befinden sich am südlichen Ende der Innenstadt auf der Pester Seite nahe der Freiheitsbrücke (Szabadság hid). In fußläufiger Entfernung liegt mit der Markthalle ein erstes Ziel für einen ausgedehnten Bummel. Obwohl sich die Händler auch auf Touristen eingestellt haben, ist die Markthalle weiterhin der Ort, an dem die Einheimischen Obst und Gemüse, Fleisch und Wurstwaren kaufen.
Es wird keine künstliche Welt für Touristen aufgebaut, aber viele Verkäufer sprechen Deutsch und Englisch. Selbst das Bezahlen in Euro ist möglich, den günstigeren Kurs bekommt man aber bei Zahlung in ungarischen Forint. Modische Kleidung junger ungarischer Designer findet man in den Boutiquen der Innenstadt, manche sind in den Hinterhöfen gelegen.
Wer noch nie in Budapest war, sollte zunächst an einer Stadtrundfahrt teilnehmen, um sich einen Überblick zu verschaffen.

Die reich ausgeschmückte Kuppel der St. Stephans-Basilika ist 96 Meter hoch, die beiden Türme erreichen nur 80 Meter.

Am Ende der Fußgängerzone treffen sich junge Leute am Fuße eines Denkmals.

Anschließend bleibt meist noch genug Zeit, sich die Stadt selbst zu »erlaufen«. Die lange Fußgängerzone in Pest lockt mit zahlreichen Geschäften und günstigen Preisen, auch Nationalmuseum und Literaturmuseum sind schnell erreicht.
Wenn man auf der berühmten Kettenbrücke (Széchenyi lánchid) die Donau überquert, stößt man auf der Budaer Seite auf eine Standseilbahn, die direkt hinauf in die Budaer Altstadt zur Burg mit der Nationalgalerie und der Fischerbastei führt.
Besonders am Abend hat man von hier einen wunderbaren Blick über die gesamte Stadt und die beleuchteten Brücken.
Die beiden Städte Buda und Pest wuchsen erst mit dem Bau der Kettenbrücke (1842 – 1849) zusammen, der ersten festen Donau-Querung. Eine Fahrt mit der nostalgischen Standseilbahn von 1870 ist nicht nur wegen der Aussicht lohnenswert, es ist auch der

Die Fischerbastei ist keine Festung, dafür ist sie zu romantisch-verspielt. Lichterketten bringen die Kettenbrücke von 1849 abends besonders gut zur Geltung.

kürzeste Weg ins alte Buda. Oben angekommen, liegt das Burgviertel vor dem Besucher. In den verkehrsberuhigten Gassen bekommt man einen Eindruck vom historischen Stadtzentrum, das sich weit oberhalb der Donau im Schutz der Burg hier auf dem Berg entwickelte. Heute ist das Burgviertel eher eine Touristenattraktion, was auch an den leicht erhöhten Preisen in den Restaurants zu erkennen ist. Die Nationalgalerie im Burgpalast gibt einen Überblick über das künstlerische Schaffen im Donauraum vom Mittelalter bis zur Moderne. Die wechselvolle Geschichte Ungarns spiegelt sich auch in der Malerei eindrücklich wider: Riesige Gemälde zeigen Schlachtengetümmel durch mehrere Jahrhunderte.
Wer die Zeit dazu findet, sollte eines der zahlreichen Thermalbäder Budapests besuchen. Zu den bekanntesten zählt das Gellert-Bad im gleichnamigen Hotel. Darüber erhebt sich steil der 235 Meter hohe Gellert-Berg, der wie die Fischerbastei einen formidablen Ausblick bietet. Für Budapest sind zwei Tage knapp bemessen – ähnlich wie in Wien ist es empfehlenswert, die Stadt mehrfach zu besuchen.

In der Markthalle treffen sich Einheimische und Urlauber. Hier gibt es Wurstwaren, Obst und Gemüse, aber auch Spitzendeckchen. Das ungarische Nationalgemüse, die Paprika, darf natürlich nicht fehlen.

Literatur

Arbeitskreis Schiffahrtsmuseum Regensburg e. V. (Hrsg.): Versunken in der blauen Donau – Vom Biedermeier ins dritte Jahrtausend, Regensburg 2004

Banzhaf, Wolfgang: Die Donau, Regensburg 2003

Dreppenstedt, Hinnerk: Flusskreuzfahrten auf der Donau, Berlin 2003

Maier, Dieter: Die Donau, Utting am Ammersee 2001

Margis, Claudio: Donau, Wien 1996

Rob, Gerda: Die Donau, Künzelsau 2002

Setzwein, Bernhard: Die Donau, Stuttgart 2004

Weithmann, Michael: Die Donau, Regensburg 2000

Register

P